I0077375

ORDRE ET LIBERTÉ.

Vernon, imprimerie de Barbarot.

AUX COMITÉS ÉLECTORAUX.

ORDRE

ET

LIBERTÉ

OU

NULLE INTERVENTION DU POUVOIR

hors de la répression des délits.

Matière, Esprit.
Ordre et Liberté.
État, Religion.

PAR M. l'ABBÉ ***

PRIX : 50 CENT.

VERNON,
CHEZ BARBAROT, IMPRIMEUR,
Et chez tous les Libraires du département.
PARIS : chez les Marchands de Nouveautés.

AVRIL 1849.

1849

ORDRE ET LIBERTÉ.

PROPOSITION.

Nulle intervention du pouvoir hors de la répression des délits.

A CETTE CONDITION SEULE NOUS AURONS L'ORDRE.

L'homme, entrant dans le monde, n'a qu'un bien, la liberté. C'est un bien sacré, dont personne ne pourrait le dépouiller contre son gré, sans commettre la plus criante injustice ; aussi son affection pour elle, est-elle la plus ardente, c'est sa vie. Plutôt la mort que de la perdre jamais. Sans elle la lumière du soleil n'est que ténèbres, et les mets les plus exquis que poisons amers,

Néanmoins l'homme en faisant son entrée dans le monde y vient tellement dépouillé, nu, impuissant pour satisfaire tous ses besoins, qu'il sent une nécessité invincible de sacrifier un peu de sa liberté, pour les satisfaire. Mais on peut dire que dans ce sacrifice même, il est encore libre, puisqu'il immole lui-même sa propre liberté. Par ce sacrifice, il acquiert l'ordre qui n'est autre chose que la justice, la protection du juste contre l'injuste, et par cet ordre, il acquiert le bienfait de la société, et avec la société la satisfaction de tous les besoins de son être, dont l'horizon s'agrandit de tout l'horizon de cette société.

Cette société eût-elle des milliers d'années de

progrés, le petit enfant verrait son berceau envi-
ronné de tous ces trésors amassés par les vieilles
générations accumulées les unes sur les autres dans
la poussière. Mais encore une fois il faut qu'il achète
ce bienfait, comme tous ses semblables, en sacri-
fiant un peu de sa liberté. Ce sacrifice du reste qu'il
fait à l'ordre, il le fait avec d'autant plus de spon-
tanéité, qu'il est réciproque, et que son cœur lui
répond toujours qu'il n'en sera jamais la victime.
Quant à d'autres biens, à d'autres chaînes, son
cœur se soulève constamment à leur pensée. A celui
qui les maudit, toujours il s'empresse d'applaudir.
Donc, il veut et doit vouloir pour le crime seul, pour
l'injustice seule qui blesse ses intérêts, le châti-
ment, la servitude de la loi. Pour tout le reste la
liberté, la liberté franche et entière, telle est notre
proposition ; prouvons-la.

MAJEURE.

Il y a quatre grands principes indispensables au
maintien et au bonheur d'une société. Ces principes
sont : la Force ou puissance exécutive ; la Religion
ou puissance spirituelle ; la Science et l'Émulation
ou la propriété.

1º

Pour le premier principe, il est facile d'en concevoir la nécessité. Il est facile de comprendre que,
sans un pouvoir assez fort pour protéger l'innocence
contre l'injustice, le faible opprimé contre le fort
oppresseur, aucune société ne saurait exister.

Autant vaudrait vivre exposé à la dent des bêtes féroces des forêts, que de vivre au milieu d'êtres qui se déchireraient ouvertement les uns les autres dans l'espoir de l'impunité. L'homme, à son entrée dans une telle société, se hâterait de fuir au loin, dans les lieux les plus sauvages, préférant sa vie et sa liberté à des satisfactions achetées au prix de telles vexations.

Aussi voyons-nous dans l'histoire de tous les peuples que ce fut là la marche des diverses sociétés qui se partagèrent le globe. Les sociétés naissantes ne se composant d'abord que de la famille seule, se défendaient sous le commandement du chef donné par la nature, contre d'autres familles ennemies. Ces sociétés naissantes, ou plutôt ces familles devenues plus nombreuses, virent éclater dans leur sein les divisions, les querelles inévitables à la misère de l'humaine nature. Ces familles alors se virent obligées de se partager, et ces fractions premières des sociétés, n'ayant plus à leur tête le chef donné par la Providence, le père de la famille, sentirent toujours le besoin de se mettre sous la conduite d'un autre chef, qui devait les mener au combat, ou juger leurs querelles intestines. Ainsi les divers peuples, d'âge en âge, comprirent la nécessité d'un pouvoir, d'un pouvoir armé pour le maintien et la défense de l'ordre. Un consentement si unanime n'est-il pas la voix même de la nature ? Donc ce premier principe est de toute évidence, indispensable à toute société humaine.

2⁰

Le second principe, la Religion, quoique d'une nécessité moins palpable au premier abord, ne laisse pas, avec un peu de réflexion, de sérieuse bonne foi, de présenter à nos yeux une nécessité non moins évidente pour le bonheur des sociétés.

La Religion, en effet, n'est autre chose que la vénération et la crainte d'un être invisible, tout-puissant et scrutateur des plus secrètes pensées des cœurs. Cette vénération et cette crainte ont pour motifs des récompenses et des châtiments exécutables surtout après la mort. Ainsi ont compris dans tous les siècles, et comprennent aujourd'hui la Religion, toutes les croyances quelles qu'elles soient. Plus ces croyances sont éclairées du vrai flambeau de la vérité, plus cette vénération et cette crainte doivent être parfaites et efficaces. Une croyance qui rejetterait l'enseignement et la foi d'une autre vie, qui admettrait qu'après la glace de la mort il ne reste plus rien de l'homme que sa terrestre dépouille, ne mériterait pas le nom de croyance religieuse, elle serait un véritable athéisme.

Toute croyance religieuse, en effet, doit avoir Dieu pour objet de son culte, comme le porte son nom. Or toute croyance qui nierait une vie future, ou l'immortalité de l'âme, nierait par là même l'existence d'un Dieu, ou en aurait une idée si étrange, que mieux vaudrait souvent une négation complète. Par l'Etre-Suprême, que nous appelons Dieu, n'entendons-nous pas un Etre possédant toutes les

perfections ? Hé bien ! retranchez une vie future,
l'immortalité de l'âme, vous lui ravissez la per-
fection dont l'homme est le plus jaloux, la justice.
Vous faites de cet Etre si grand, si incompréhensible
en perfections sublimes, dont le nom ne devrait être
prononcé que la face contre terre, vous en faites un
Etre partial et injuste envers ses créatures, qui,
étant sorties toutes également de ses mains, doivent
être toutes égales devant lui. S'il n'y a pas de vie
future, n'est-ce pas ici que doivent se décerner les
récompenses à la vertu, et les châtiments s'infliger
au crime ? Mais quand avez-vous vu sur cette terre
une pareille justice rendue ? Ne savez-vous pas que
c'est là le sujet des blasphèmes continuels de l'athée,
et quelquefois le désespoir du malheureux ? N'est-
il pas vrai que la vertu, souvent après bien des
efforts, après bien des travaux et des fatigues, se
voit souvent privée du fruit de ses sueurs. La
récompense répond-elle toujours à ses mérites, et
la joie à sa peine ? tandis que le vice, doué de plus
de force physique ou intellectuelle, s'élève et
grandit sur cette terre qui est abandonnée aux dis-
putes des hommes. Il est donc nécessaire, de la
même nécessité d'admettre une vie future, que
d'admettre l'existence même de Dieu, c'est-à-dire
d'une nécessité absolue. Donc, pas de croyance à
une vie future, à l'immortalité de l'âme, à la rémunération des œuvres après la mort, pas de religion ;
donc la religion est avec raison définie : *La vénération et la crainte d'un Etre invisible, tout-puissant,*

scrutateur des cœurs, en vue des récompenses et des châtiments exécutables surtout après la mort.

La Religion, ainsi définie, de quelle utilité, ou plutôt de quelle nécessité ne doit-elle pas être pour les sociétés humaines ? Le glaive de la force pourrait-il pénétrer jusqu'au cœur, pourrait-il agir dans les ténèbres, sous les voiles sombres et odieux d'un soupçon, sans outre-passer son droit et s'émousser en vain ? Et néanmoins qui oserait contester le besoin de propager la vertu et de détruire, s'il était possible, jusqu'aux racines du vice ? N'est-il pas toujours à craindre, quelque bien affermie que soit une société, que les vices, faibles ruisseaux à leurs sources, ne grossissent ensuite, et, torrents furieux, ne submergent à la fin les sociétés désormais impuissantes à les contenir ? Quelle digue à leur opposer, sinon la digue de la religion ? Ils naissent dans le secret, dans l'ombre, presqu'à l'insu ; eh bien ! la religion ira avec son Dieu, scrutateur des cœurs, percer la conscience d'un remords cuisant après la perpétration d'un premier forfait, et quelquefois après la seule conception du crime. Si le vice naît presqu'à l'insu de l'âme, s'il est pour ainsi dire sucé avec le lait au berceau, la religion, puissant contre-poison du vice, saura infiltrer aussi d'une manière imperceptible, mais avec une incroyable efficacité, ses vérités consolantes et terribles.

Des hommes, il est vrai, qui ont juré la destruction de la religion, qui attendent avec impatience l'heure de son trépas, qui tarde trop à sonner à leur gré, s'évertuent pour trouver d'autres motifs des vertus. Les principaux de ces motifs sont : *l'honneur et le consolant témoignage de la conscience.*

Mais l'honneur, qu'est-ce autre chose que le désir de plaire ou la crainte de déplaire à nos semblables ? Comment le seul sentiment de l'honneur pourrait-il retenir le coupable qui a médité un crime, une injustice, qu'il sait devoir être pour toujours ensevelie dans le plus profond oubli ? N'avoueront-il pas, ces hommes, s'ils sont de bonne foi, que l'honneur alors est un vain mot.

Le consolant témoignage que rend la conscience après une bonne action, ou les remords qui la déchire après la perpétration d'un crime, seraient-ils des motifs plus puissants pour porter à la vertu et pour éloigner du vice ? Illusion ! Ces beaux mots ont sans doute quelque chose de spécieux, mais ils ne sont que l'écorce des lettres empruntées au langage seul réel de la religion.

La seule approbation de la conscience, dites-vous, après une action bonne, soit, mais ignorée, ou calomniée, ou propre à exciter contre vous l'envie de la malignité des hommes, et dont vous n'aurez perçu aucun profit pour vos intérêts ; le seul témoignage, dites-vous, après une telle action pourra suffire pour porter les hommes à la vertu ; en vérité, il ne faudrait avoir aucune connaissance de la nature du cœur de l'homme, ou s'aveugler étrangement pour ajouter foi à de pareilles fadaises.

Les remords, le repentir amer d'avoir fait une mauvaise action, pourra vous éloigner du crime, quand vous savez que ce crime ne viendra jamais à la connaissance de personne, quand ce crime vous procurera un grand avantage, quand vous ne croyez surtout à aucun vengeur des crimes secrets, croyez-vous que la simple pensée du repentir qui suivra cette action sera bien capable de vous en détourner?

Sans doute, il est certains crimes, tellement atroces qui, rappelés dans le sang froid, pourront inspirer une certaine horreur propre à rendre le cœur du coupable vil à ses propres yeux et insupportable à lui-même ; mais n'est-il pas facile de s'accoutumer à cette vue du crime, d'un côté l'intérêt personnel est si puissant, et de l'autre l'homme sans l'immortalité de l'âme est un être si peu important dans la nature. D'ailleurs tous les crimes nuisibles à une société ne sont pas toujours ces monstres horribles, hideux pour tout cœur tant soit peu sensible. Il est des vices pour lesquels les cœurs les mieux nés ne sauraient concevoir cette horreur, et qui néanmoins sont les plus destructifs du bonheur et de la prospérité des sociétés. Il y a même des vices très-pernicieux, auxquels, il faut le dire à notre honte, l'habitude et l'exemple ont ôté presque tous les voiles de la pudeur. Qui donc sera capable de réprimer cette guerre des vices contre la société, devant lesquels le glaive se retire s'avouant impuissant et vaincu, sinon la religion contre les dogmes de laquelle ne saurait prescrire ni l'habitude ni l'exemple, la religion qui condamne jusqu'au regard, qui scrute jusqu'à la pensée la plus secrète du cœur avec son éternel flambeau, pour la traduire un jour au tribunal du Juge suprême et inexorable des vertus et des vices.

La Religion, qui est la crainte de Dieu en vue d'une rémunération future, est donc indispensable pour la morale d'une société. Et comme l'on ne saurait nier la nécessité d'une morale intègre pour le bonheur parfait d'une société, mille faits se pressant sur ce sujet dans l'esprit pour faire retomber sur la corruption des mœurs le renversement des empires, donc la religion, croyance à une vie future, est indispensable à la conservation des sociétés, et plus elle sera florissante, plus aussi seront florissantes les sociétés.

3º

Le troisième principe nécessaire à la prospérité des états, c'est la Science. C'est elle qui, profitant des découvertes acquises, ouvre l'intelligence pour en acquérir de nouvelles, afin d'améliorer le sort de l'homme sur cette terre. L'histoire de tous les âges est encore là pour l'attester. Toujours la prospérité et l'étendue du commerce des nations et l'accroissement de leurs jouissances, sont en proportion du développement des sciences parmi elles. Qui mérita à cette multitude de petits états de la Grèce cette célébrité, cette réputation universelle qui les rendaient comme les modèles des autres

peuples et les faisaient accourir vers eux de toute
la terre, pour apprendre d'eux les leçons de la civilisation comme du luxe et des jouissances, sinon la
culture de la science ?

Pourquoi, au contraire, voyons-nous les nations
les plus puissantes élevées jusqu'au plus haut som-
met de la prospérité, descendre ensuite si rapi-
dement l'échelle de la civilisation, si ce n'est parce
qu'elles ont négligé la culture de la science qui leur
aurait appris à conserver les trésors immenses de
bien-être enlevés aux nations vaincues. Nous en
avons des témoignages frappants dans ce colossal
empire des Assyriens, et plus tard dans celui des
Perses. qui s'étant d'abord enrichis, par une force
matérielle invincible, de toutes les richesses
amassées par l'industrie des peuples vaincus, n'en
jouirent qu'un instant, comme le lion qui dévore sa
proie, s'endort et court après cela dans ses forêts ;
ainsi ces deux immenses empires, après avoir joui
une heure de tant de délices, retournèrent à leur
première barbarie, parce qu'ils ne connurent pas le
prix de la science, qui leur aurait rendu continuelles
les douceurs des jouissances des peuples civilisés.

On ne saurait contester l'influence salutaire des
sciences sur le bien-être des sociétés. Si notre
société moderne la contestait, ce serait une bien
monstrueuse ingratitude, après toutes les améliorations qu'elle lui doit. Mais ce n'est pas là le reproche
qu'on pourrait faire à notre société, il serait trop
injuste, nous aurions plutôt le reproche contraire à

lui faire, mais nous le réservons pour une autre cir-
constance. Inutile donc de nous étendre plus longtemps sur l'utilité de la science dans un siècle où l'on
porte bientôt son amour jusqu'à l'idolâtrie, jusqu'à
lui ériger les autels dus à la Religion seule.

4o

Le quatrième principe indispensable au maintien
et à la prospérité des sociétés, c'est l'Émulation ou
la Propriété. Il ne suffit pas, en effet, pour le bonheur des sociétés, de voir les crimes punis, la
religion respectée et pratiquée et les sciences florissantes, il faut encore pour le progrès réel des sociétés
vers toutes les améliorations dont elles sont suscep-
tibles, laisser à l'individu le grand, on pourrait
presque dire le seul mobile de ses actions, l'émulation, la propriété, la jouissance du fruit de ses
pénibles labeurs.

L'homme, quoique aimant la société de ses semblables, quoique dévoué au bien général de la
société, est encore plus sensibles à ses intérêts
personnels. Ce sentiment d'égoïsme quoiqu'en apparence moins vertueux, moins beau que le dévouement pour le bien général, est néanmoins bon en
lui-même, et il n'est pas douteux qu'il entre dans
les desseins de la Providence, qui a évidemment
créé l'homme pour la société. Ce sentiment d'intérêt
personnel ne serait pas dans le cœur de l'homme
à côté de tous les vices de sa nature dégradée, il
faudrait l'y créer pour leur faire équilibre, et pour
le rendre un Être sociable.

Supposons, en effet, un instant, que l'individu ne travaille plus immédiatement pour lui, ni pour sa famille, que tous ses profits retournent à l'État, et que de là comme d'un réservoir fidèle et intelligent, il lui revienne de quoi servir abondamment à ses besoins.

Croyez-vous que le plus intelligent se fatiguera le cerveau, dans une étude pénible pour découvrir des moyens de bien-être qui ne doivent pas plus profiter à lui qu'aux autres? Croyez-vous que celui qui est doué d'une plus grande force physique donnera toute cette force pour un travail dont après tout il ne doit recevoir que comme le plus faible? Est-ce là l'idée que l'on a communément de la générosité du cœur de l'homme? Le faible, au contraire, se rassurant sur une subsistance qui ne saurait lui manquer, s'empressera-t-il pour le travail, donnera-t-il au moins toutes les facultés dont il peut disposer, comme s'il n'avait d'autre espoir que dans ses forces? Il ne faudrait pas avoir la moindre idée, la moindre expérience de la nature de l'homme pour croire à de telles utopies.

Néanmoins sans activité, sans une noble émulation de la part des individus, aucun progrès ne saurait être possible, puisque le progrès, c'est l'avancement vers de plus en plus grands perfectionnements, vers de plus en plus parfaites améliorations ; or celui qui demeure sans activité, sans aucun stimulant, sans une noble émulation enfin, marche-t-il, ne reste-t-il pas dans la plus honteuse inertie ? Avec une telle inertie, que deviendraient donc les sociétés, elles qui voient au contraire augmenter le nombre des individus et leurs besoins ? Donc l'émulation ou la propriété est indispensable au bonheur des sociétés.

Donc la nécessité des quatre grands principes posés au commencement, doit être irrévocablement admise pour la conservation et la prospérité des sociétés humaines, savoir : la Force de la loi, la Religion, la Science et l'Émulation.

MINEURE.

Or, pour le développement complet de l'influence de ces quatre grands principes, la liberté la plus franche et la plus absolue leur est nécessaire.

1º

Le premier, qui est le pouvoir exécutif, la force qui déjoue les projets destructeurs de la société, le glaive qui frappe le rebelle, paraît, il est vrai, répugner d'abord à toute liberté. Il paraît répugner à la plus simple lumière du bon sens de dire que le criminel qu'on charge de chaînes soit librement enchaîné ; que celui que le glaive exécute sur la place publique, verse librement son sang pour la société. Néanmoins, en réfléchissant un peu, il est facile de comprendre que son sort peut être assimilé très-justement au sort de l'ivrogne qui se plaint, après un excès de crapule, de son argent perdu, ou d'un négociant téméraire et imprudent dont les affaires sont en déroute, ou encore à celui d'un joueur qui joue gros jeu et qui vient à perdre sa fortune. Le coupable aussi a joué librement sa tête pour un plaisir illicite, pour une injuste vengeance, peut-il raisonnablement trouver mauvais qu'il la perde ?

Mais pour que cette comparaison soit parfaite, pour que le coupable soit châtié par la loi, par le pouvoir exécutif, et ne puisse que s'accuser lui-même de son malheur, il faut que ce pouvoir ne soit pas arbitraire, il faut que cette loi qui frappe soit consentie, au moins implicitement, par tout citoyen qui vient s'incorporer à une société, autrement les murmures, sourds d'abord, mais prenant tous les jours un ton plus hardi en s'infiltrant dans les masses, exciteraient bientôt un soulèvement général contre la barbarie d'un tel despotisme. Donc il faut à l'établissement des lois mêmes répressives le consentement libre des sociétés. Et plus ce consentement sera libre, spontané et général, plus la loi aura de force, et plus le pouvoir sera solidement établi, et conséquemment plus la sécurité de la société et sa prospérité seront florissantes. Plus une société sera avancée dans le progrès de la civilisation, plus ce besoin de liberté d'assentiment aux lois répressives se fera sentir, et plus ces lois seront justes, généreuses et adaptées aux mœurs des temps. Car le bon sens et les lumières d'une nation qui vont toujours en s'augmentant finissent par former une puissance morale telle qu'il serait inutile d'entreprendre de leur résister. Il faut alors dans un tel état de choses que la société soit victorieuse ou qu'elle périsse vaincue.

Quant à la religion, il est facile de comprendre
que la liberté la plus vaste et la plus complète lui
est nécessaire pour qu'elle produise son influence
salutaire sur les sociétés. La religion n'a de pouvoir
que sur le cœur, pour diriger ses penchants vers
le bien, elle ne peut donc avoir d'autres armes
que la persuasion. Le cœur ! quelle partie de la
nature de l'homme jouit d'un tact plus infaillible et
plus fin, pour distinguer ce qui lui est proposé
comme son intérêt le plus précieux, de ce qui lui est
imposé comme devoir par un pouvoir tyrannique.

Si nous voulons scruter l'histoire, il nous sera
facile de nous convaincre de cette assertion. Nous
verrons bientôt que les temps les plus prospères
pour elle et conséquemment pour les sociétés furent
ceux où elle fut le plus abandonnée à son libre essor,
et que les époques au contraire les plus fatales pour
les empires furent toujours les âges ou un esprit de
vertige, aveuglant les gouvernements, leur suggéra
la funeste pensée de porter la main à l'arche sainte
et d'offrir un profane encens. Il semble que Dieu
soit jaloux de son œuvre, et qu'il veuille que le
monde sache et voie bien que son doigt seul la
soutient. Il veux lui montrer que cette religion ne
craint ni leur persécution, ni ne mendie leur
faveur. La lutte opiniâtre du vieil empire romain
et sa misérable chute, comme la pierre qu'on jette
dans l'abîme des mers, en sont un frappant exemple.
Il n'y a que quelques siècles, quel exemple terrible

ne nous ont point donné nos voisins d'Outre-Manche.
L'insensé et téméraire Henri VIII n'avait-il pas osé
aussi porter la main à l'encensoir, en s'attribuant
les pouvoirs mêmes du chef de l'Église ? Les suites,
si nous ne voulons pas dire les châtiments de cet
attentat, ne se firent pas longtemps attendre. Bientôt
sa royale famille est chassée et proscrite, et son
royaume donné à d'autres mains

Si, frappés de ces faits d'histoire, nous nous
rappelons également les événements du dix-huitième
siècle, depuis les tentatives de schisme de Louis
XIV jusqu'aux persécutions incessantes des parle-
ments, trop souvent sanctionnés par le chef de
l'État, contre l'orthodoxie d'un clergé trop zélé
contre une secte nouvelle, nous ne serons plus
étonnés, après les roulements du tonnerre, de voir
éclater la foudre en 93, un trône ensanglanté et les
débris dispersés au vent. Si le nouveau gouvernement d'alors eût profité de la leçon, il eût pu durer.
Mais son intolérance, ou plutôt sa persécution fut
plus criante encore, aussi ne fit-il que passer. Le
géant qui lui succéda et l'écrasa de son regard,
présageait une ère de bonheur à la société pour
l'établissement de l'ordre et la tolérance religieuse.
Mais son ambition ne se contenta pas du pouvoir de
ce monde, elle voulait encore accaparer celui d'en
haut. Il ne se contenta pas de commander à
la matière, il voulut encore commander à l'esprit.
Pour parvenir à cette fin, tout moyen lui fut bon,
et les caresses perfides et la force brutale. Enfin

il a vaincu, et un auguste vieillard sans défense est arraché de sa demeure. Après cette victoire facile, on sait assez comment il expia sa faute, et avec lui notre malheureuse société; puisqu'il est du sort des sociétés de suivre la destinée de leurs chefs. Ce sont elles qui les choisissent et se soumettent à eux, il est donc juste qu'elles subissent la chance de leurs actes.

La Religion et la société opprimées tendant donc les bras aux anciens chefs de cette malheureuse société, tourmentée depuis si longtemps par les plus violentes tempêtes, elles croyaient, comme deux sœurs unies par l'infortune, trouver dans la prudence mûrie par l'adversité, le repos et la liberté Mais en vain, cette Religion si grande et si intéressante par ses malheurs mêmes, on veut l'asservir encore, ou la profaner sous prétexte de l'opposer à de prétendues idées anti-sociales; d'un autre côté la science du siècle crie pour qu'on la prive de la liberté d'enseignement, elle à qui il a été dit par le Maître : *Allez, enseignez toutes les nations.* On ne comprenait pas, ou l'on feignait de ne pas comprendre qu'il y a pour la Religion, comme pour ses adversaires, diverses manières d'enseigner. La main téméraire et infortunée qui a signé telles ordonnances, tremble donc encore une fois sous le sceptre et le laisse tomber.

Un nouveau gouvernement succède à tant d'autres. Une liberté complète est jurée de nouveau dans une charte. Tous peuvent vivre paisiblement

sous son ombre. La Religion seule en est exceptée.
Seule, elle n'est pas reconnue digne de s'asseoir à ce
banquet de la liberté. Elle ne demande pas la perte
de ses ennemis, elle qui doit prier pour eux ; mais
un autre prendra soin de sa vengeance, et elle est
vengée. Ainsi en sera-t-il toujours de même, si
toujours on entreprend d'entraver sa marche, si le
visible veut scruter l'invisible, la main forcer la
conscience, la force opprimer la liberté, la matière
dominer l'esprit.

J'entends crier, il est vrai, que le chef de cette
Religion est en proie lui-même à de pareilles vexations. Mais qui sait si celui qui est si jaloux de la
liberté de sa Religion, n'a pas vu dans cette grande
sainteté de son représentant sur la terre quel-
qu'acte de faiblesse extorqué à sa tolérance ex-
trême ? Moïse n'a-t-il pas hésité lui-même en
frappant le rocher, et pour cette légère défiance du
secours divin, n'a-t-il pas été privé de l'entrée de
la terre promise ?

Dans tous ces événements si frappants, que l'on
reconnaisse ou que l'on ne reconnaisse pas la main
expresse de la Providence, on ne saurait du moins
s'empêcher d'être frappé de la coïncidence de l'op-
pression de la Religion avec les bouleversemens des
sociétés, et de tirer cette conséquence naturelle :
donc la liberté de la Religion est nécessaire à la
sécurité et au bonheur des sociétés.

Il n'y a pas que la Religion à demander sa liberté pour le bien des sociétés, la science elle-même n'a pas de meilleur abri, ni de protecteur plus puissant que cette même liberté. La société qui la lui refuserait ne tarderait pas à en ressentir les funestes châtiments. Les sciences, en effet, ont toujours leurs exagérations et leurs erreurs. Quand donc un gouvernement se fait professeur, instituteur, on ne tarde pas à faire tomber sur lui la responsabilité de ces erreurs. Les réclamations sans fin qui s'élèvent, semblables à une pluie opiniâtre qui ruine a la fin le marbre lui-même, ont pour résultat dernier et infaillible d'échauffer les têtes et de soulever tout un peuple.

Est-ce que, sans la haute protection d'un gouvernement, l'on pourrait craindre pour les sciences. Les sciences pour naître ont-elles eu besoin des gouvernements du monde ? Est-ce que la science, une fois comprise par une société, n'est pas d'un assez grand prix pour être accueillie par les individus, sans leur être imposée par un gouvernement, c'est-à-dire par la force ?

Non, il n'y a pas à craindre pour elle, non pas à cause de l'amour et du dévouement dont elle se voit aujourd'hui entourée, mais plutôt parce que le flambeau qui a apporté la lumière dans le monde, et qui l'a fidèlement conservée dans la nuit la plus profonde de la barbarie victorieuse, saura, à plus forte raison, la faire briller au plein soleil de la civilisation moderne, qui est son ouvrage. Si l'heure, comme on s'en est vanté, avait sonné pour la destruction de la Religion, sans doute on aurait lieu de craindre pour le sort de la science, un de ses plus beaux apanages. Mais nous venons de voir la main du puissant pilote qui conduit cette barque frêle au milieu des récifs du monde. Elle n'est pas encore arrivée au port, il lui faut auparavant franchir bien des écueils encore. Ne craignons pas d'être surpris quand elle sera arrivée, le monde n'en sera que trop averti.

4°

A l'émulation, aussi à la propriété, il faut la liberté pour l'existence et la paix des sociétés. L'émulation est, comme nous l'avons dit, l'intérêt personnel, le travail pour soi, la jouissance du fruit de ses sueurs. Comme si l'esprit de vertige avait juré de détruire de fond en comble nos malheureuses sociétés, c'est encore à l'émulation qu'il s'en prend; c'est lui qui, après avoir inspiré aux pouvoirs les desseins chimériques et insensés de se faire apôtres, professeurs, instituteurs, veut encore en faire des pères de familles, des économes fidèles d'immenses maisons de refuge de la misère. Heureusement que le bon sens public a fait justice des tentatives trop grossières de ces erreurs stupides et destructives de toute société. Mais le bon sens public n'a pas fait de même justice de tentatives moins directes, de démarches en apparence toutes de bienfaisance, par lesquelles les sociétés sucent un venin mortel sans s'en douter.

Nous aimons, à la vérité, à rendre justice à l'intention droite de ces hommes véritablement dévoués au bonheur de leurs semblables, qui, pour donner une plus grande et plus efficace extension à la bienfaisance, veulent y faire intervenir les états. Mais, hélas! c'est une erreur. L'aumône la plus utilement faite serait, s'il était possible, de faire aimer à tous les individus composant les sociétés, leurs devoirs et goûter le charme de la jouissance paisible du fruit de leurs travaux. Ce serait là l'aumône véritablement bien faite. Mais ces hommes, sincèrement dévoués à leurs frères, nous aimons à leur en faire l'éloge, ont-ils compris que c'est en donnant aux individus malheureux l'espoir que l'État viendra à leur secours, qu'ils adouciront le sentiment de leur misère et qu'ils les intéresseront au bon ordre de la société? Croient-ils que c'est en invectivant contre ceux qui sont au timon des affaires, qu'ils accusent de négliger les intérêts des malheureux, qu'ils éloigneront les tempêtes des révolutions et des émeutes, qui jettent la perturbation dans la société et éloignent de plus en plus la sécurité et la confiance, seules causes du commerce? Si c'est là leur opinion, nous les croyons dans l'erreur la plus profonde et la plus pernicieuse à la société, tout en admettant leur réelle bonne foi. Ignorent-ils, ces hommes, qui se donnent le beau nom d'avocats des pauvres, qu'il se trouve dans la nature de certains individus une répulsion pour toute occupation sérieuse, devenue presque invincible par l'habitude et la débauche, et que c'est la fomenter encore éternellement, et donner à ces malheureux la soif inextinguible de Tantale, que de leur proposer la grasse pitance de l'État, de l'État toujours prêt et devant même venir à leur secours.

Non, telle doit être la conviction profonde de quiconque rejette le monde des utopies pour entrer dans le monde réel et positif, jamais la société ne verra la paix et la sécurité refleurir dans son sein, toujours le feu des révolutions couvera sous la cendre, prêt à incendier, tant que l'État, le pouvoir, qui doit être chargé seulement de l'exécution de la loi répressive, ne se débarrassera pas de tout ce fardeau de misère inhérente aux sociétés physiques, comme le vice aux sociétés morales, en ôtant aux individus tout espoir de goûter d'autres jouissances que celles qu'ils auront pu acquérir par le travail de leurs propres mains. Et cet espoir leur sera ôté aussitôt qu'il aura proclamé la pleine liberté de l'émulation, en abandonnant chacun au sort de ses propres mains, et dans les cas de malheurs imprévus à la commisération toute de dévouement de ses semblables.

Soyons aussi tranquilles sur le sort des malheureux que sur le sort de la science, abandonnés par le pouvoir à leur liberté. La Religion, libre elle-même, ne leur fera pas défaut. Le secours de la misère est un de ses plus beaux priviléges, c'est là sa part la plus belle et la plus touchante dans le monde. Les

malheureux ont toujours été la portion la plus
chérie de l'église du Christ. Qui ne confesserait que
dans tous les temps les infortunés ont toujours été le
motif de sa plus tendre sollicitude ? Dans les temps
mêmes des persécutions, n'a-t-on pas vu les chrétiens
se dépouiller de leurs propres vêtements pour en
couvrir leurs ennemis et leurs bourreaux. Non, le
feu apporté par le Christ n'est pas éteint, il ne
demande qu'à brûler.

Vous le savez, depuis longtemps la Religion vous
accuse d'ingratitude, de lui enlever cette part des
pauvres qui lui est due, pour la transporter à vos
bureaux de charité légale, et pour lesquels il faudra
bientôt créer un ministère spécial. Aujourd'hui,
cette inique usurpation n'est-elle pas cruellement
expiée par les sociétés ? L'esclave, nourri trop déli-
catement, ne s'est-il pas révolté contre son maître.

Nous le répétons, le salut de l'État n'est que dans
l'octroi d'une pleine et franche liberté d'émulation.
Pour assurer ce salut de la société il n'a qu'à suivre
une marche toute opposée à celle de ses ennemis.
Ne se souvient-il plus de ces achats de chemin de
fer, de ces achats d'usine, dont il aurait été le grand
directeur, et dont il aurait payé les ouvriers comme
des gendarmes ? Ne se rappelle-t-il pas ces mille
pétitions de bienfaisance, les unes qui devaient
assurer une retraite aux invalides de la campagne,
les autres assurer une pension aux parents de ceux
qui avaient renversé les gouvernements précédents ?
Ne doit-il pas enfin ouvrir les yeux pour voir où
ces tendances le menaient. Il n'aurait qu'à suivre

cette voie ouverte avec la pompe d'un si beau langage, pour aller des socialistes à Cabet, c'est-à-dire à l'abaissement, à la dégradation, à la ruine de tous par l'élévation de tous.

CONCLUSION.

Les quatre grands principes, savoir : un Pouvoir exécutif, la Religion, la Science et la Propriété, étant démontrés d'un côté indispensables, nécessaires à toute société, d'une autre part ces grands et premiers principes de toute prospérité des nations exigeant la liberté la plus franche et la plus complète, le premier pour les conditions de son action, les autres pour l'efficacité indéfinie de leur influence salutaire, donc, il est certain, d'une certitude indubitable, que loin que la liberté repousse l'ordre, elle l'appelle au contraire, et l'ordre, loin d'abhorrer la liberté, doit de plus en plus étroitement s'unir à elle. Tellement que sans l'ordre, la liberté devient anarchie, et l'ordre sans la liberté devient un intolérable despotisme.

Donc aussi, les sociétés ne pouvant exiger d'un pouvoir d'autre intervention que dans les limites fixées par elles-mêmes, et ces limites devant être fixées, sous peine de ruine et de misère pour elles, dans le cercle seul de la répression des délits comme nous l'avons invinciblement démontré, donc elles ne sauraient exiger de ce pouvoir aucune intervention, ni pour les choses de la conscience, ni pour l'instruction, ni pour le commerce ou la spéculation, ou les infortunes privées.

COROLLAIRES.

1er.

Les lois répressives et préventives d'une société devant être les seules lois de cette société, et devant être reconnues et adoptées librement par elle, à moins de devenir oppressives et de donner prétexte aux émeutes et aux révolutions, qui ne commencent que trop souvent par les degrés inférieurs de la société :

1º Donc ces lois doivent être acceptées, soit *explicitement* par des représentants élus spontanément et indistinctement par tous les individus composant une société, et non rejetées par elle; soit *implicitement* par la soumission volontaire de ces mêmes individus à ces mêmes lois.

2º Donc le chef de tout pouvoir n'est plus un bureaucrate ou un roi de salon, mais une sentinelle, l'épée au côté et l'arme au bras, toujours prête soit à repousser les violences du dehors, soit à comprimer les séditions du dedans.

3º Cette partie de la société, savoir : la puissance qui assure la tranquillité au reste des individus, étant reconnue comme la plus nécessaire et la plus laborieuse, elle doit donc être aussi largement récompensée. Quant à nous, qui, par amour d'une liberté plus grande, ne voudrions voir sous les armes et préposés à la défense de la société, que des hommes de dévouement, et non des victimes du hasard, amollies par les regrets de familles en pleurs, nous voudrions que cette carrière de la vie militaire en fût une véritable, au bout de laquelle on trouvât un véritable bien-être, au moins comparable à celui que peut acquérir le paisible cultivateur de son champ. Une rente viagère de 200 fr. serait

ce trop pour récompenser dix années de service d'un
simple soldat ; 600 fr., serait-ce trop pour vingt années,
et 800 fr. pour 30 ? Nous posons la question, à notre
Législative d'y répondre.

2me

La Religion étant reconnue nécessaire à toute société,
mais ne pouvant exercer son entière influence que
dans une pleine liberté :

1o Donc plus d'inquisition des faits sacrés de la
conscience, plus de profanation sacrilége de ce sanc-
tuaire inviolable.

2o Donc plus d'asservissement non plus sous le prétexte
de la protection. Jésus-Christ exerce sur elle une protection trop haute pour qu'elle s'abaisse à mendier la protection du faible bras de l'homme. Tout en gardant une noble
fierté, elle permettra encore à ses ministres de recevoir
un vil argent, non comme une aumône ou un secours
ou une faveur, mais comme une juste indemnité, une
véritable dette, reconnue solennellement dans un contrat
sacré. Plutôt une persécution ouverte que de consentir à
la spoliation injuste des plus pauvres de ses enfants, sans
une légitime compensation. Elle n'est pas plus maitresse
de ses biens que les administrateurs d'un établissement
de bienfaisance ne le sont des biens de cet établissement.
C'est ainsi que tout en recevant de notre société la faible
indemnité qu'elle lui accorde, elle prétendra toujours
conserver sa dignité et son indépendance.

5me

La liberté de l'instruction étant reconnue, la science
étant enfin émancipée de la haute tutelle de l'État, et
n'ayant plus que le sentiment de la noble confiance en la
force de sa puissante et salutaire influence :

1o Donc plus de sommes énormes dépensées en académies de l'État, devenues désormais de vénérables réunions de savants, que paierait assez l'honneur de siéger dans ces illustres assemblées.

2º Donc plus de colléges agréés par l'État, plus de bourses sans nombre allouées par le budget. La science, par une suite aussi de la liberté de l'émulation, deviendrait comme une autre jouissance du fruit du travail. Donc, par là même, plus de murmures de l'individu modeste, inconnu, contre la faveur et la flatterie.

3º Donc le seul progrès des élèves dans une bonne éducation et dans l'instruction, deviendrait enfin le seul titre à la recommandation auprès des familles, si tyrannisées jusqu'à ce jour par des considérations d'intérêt. Ces succès de la jeunesse ne vaudraient-ils pas bien ces brevets de capacité sur lesquels il n'arrive que trop souvent qu'on s'endort.

4º La science ne se communiquant pas seulement dans les chaires d'enseignement, mais encore par la presse aux mille bouches, la liberté de la presse devient donc une conséquence de la liberté d'instruction. Néanmoins, comme le pouvoir doit exécuter aussi des lois préventives et non seulement répressives, et que l'on reconnaît à ce pouvoir le droit d'imposer silence à un prédicant de doctrines incendiaires, donc l'on doit aussi lui reconnaître le droit d'interdire toute publication capable de mettre la perturbation dans la société. Mais de peur que le pouvoir ne parût tomber encore ici dans l'arbitraire et ne fît crier à la tyrannie, ne serait-il pas bon qu'il y eût entre lui et cette tribune de la publicité un comité nommé par les représentants de la nation, chargé de censurer ces ouvrages, de les proscrire tout-à-fait, ou au moins de leur infliger les notes qu'ils mériteraient, de sorte que quiconque boirait le poison, le boirait librement ? Nous posons la question, notre future *Législative* y répondra.

4me

Enfin de la liberté complète d'émulation, sans aucun concours de l'État, il s'ensuivrait :

1° Que chaque individu composant les sociétés, ne voyant plus l'État s'immiscer dans aucune affaire de spéculation, ni de secours, perdrait peu à peu l'habitude de s'en prendre à lui lorsqu'il souffrirait le chômage ou l'adversité. Donc les révolutions et les émeutes deviendraient plus rares, étant désormais sans objet.

2° Donc liberté entière du commerce, dans l'exportation et l'importation.

3° Donc pas d'impôts indirects, qui sont de véritables vexations et de continuelles entraves pour le commerce.

4° Donc toute entreprise de spéculation ou d'intérêts locaux laissée ou aux particuliers seuls ou réunis, ou aux communes. Il devrait en être de même pour les voies de transport et de communication. Tout ce qui touche aux intérêts des individus devrait se traiter par les individus, sauf au pouvoir à protéger la fidélité des contrats.

5° Enfin de tout ceci il résulte qu'au lieu de tant de ministères, trois suffiraient grandement : un ministère des affaires du dehors, de l'armée et de la marine militaire ; un ministère de la justice chargé de la force intérieure, de la police et de la répression des délits ; enfin un ministère des finances.

6° Donc une économie considérable ; donc plus de budget ivre et de peuple à jeun.

FIN.

www.ingramcontent.com/pod-product-compliance
Lightning Source LLC
Chambersburg PA
CBHW060519210326
41520CB00015B/4237

* 9 7 8 2 0 1 3 5 1 4 4 6 0 *